INHALTSVERZEICHNIS

TIERISCH GEOMETRISCH –
TIERISCH BUNT

Gab es für Sie als Kind auch nichts Schöneres, als die kleinen Bilderrätsel der Tageszeitung zu lösen? Stundenlang konnten Sie Punkte verbinden und mithilfe von Farben „versteckte" Motive entdecken. Finden Sie dieses Gefühl mit den Ausmalbüchern wieder.

Das Prinzip dahinter ist ganz einfach: Malen nach Zahlen. Jede geometrische Fläche enthält eine Ziffer, die einer Farbe auf der Farbpalette zugeordnet ist. Füllen Sie die Flächen mit den entsprechenden Farben und vervollständigen Sie so das Puzzle aus Linien und Zahlen zu einem tierisch niedlichen Motiv.

Dabei sind Ihrer Fantasie keinerlei Grenzen gesetzt. Wagen Sie sich an verschiedene Strukturen oder verfremden Sie die Farbpalette, indem Sie den Feldern individuelle Farben zuordnen. Probieren Sie verschiedene Stifte oder auch mal abstrakte Muster aus. Oder halten Sie sich einfach an die Ihnen vorgegebene Farbwelt, kolorieren Sie Feld für Feld die geometrischen Muster, erarbeiten Sie spannende 3D-Effekte und erwecken Sie schnurrende Stubentiger, lustige Wald- und Haustiere zum Leben. Einige praktische Tipps und Ideen zur Umsetzung finden Sie auf den folgenden Seiten.

Legen Sie am besten sofort los!

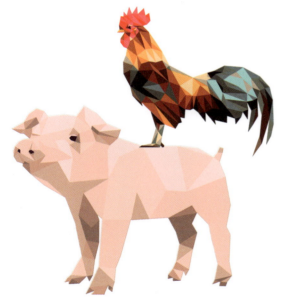

INDIVIDUELLE FARBPALETTEN ZEIGEN DIE JEWEILS EINZUSETZENDEN FARBEN.

JEDE ZU KOLORIERENDE FLÄCHE ENTHÄLT EINE ZIFFER ZUR GENAUEN FARBZUORDNUNG AUS DER ENTSPRECHENDEN PALETTE.

DURCH DAS EXAKTE KOLORIEREN ENTSTEHEN SPANNENDE 3D-EFFEKTE.

MATERIAL

Ob Bunt- oder Filzstift, zum Ausmalen auf Papier eignet sich grundsätzlich jeder Stift. Je nach gewünschtem Effekt lohnt es sich allerdings, bestimmte Materialien zu verwenden.

BUNTSTIFTE

Die Klassiker unter dem Malwerkzeug, nicht nur weil sie günstig erhältlich, sondern auch vielfältig einsetzbar sind. Mit ihnen ist ein sehr flächiger und einheitlicher Farbauftrag möglich. Gleichzeitig können auch spannende Effekte durch Variation des Drucks und der Stifthaltung erzielt werden. Besonders leuchtende Farben und breite Paletten finden Sie z. B. bei Aquarell-Buntstiften. Verwischt man diese mit Wasser, entstehen fließende Farbübergänge.

FILZSTIFTE

Filzstifte überzeugen mit kräftigen Farben und starker Leuchtkraft. Dank vieler Spezialanfertigungen bleiben in Sachen Malkomfort und Spezial-Effekte keinerlei Wünsche offen. Von magischen Farbwechseln bis hin zu Metallic- oder Glitzerlooks kann sich jeder Künstler austoben. Besonders sogenannte Brush Pens besitzen flexible Pinselspitzen, mit denen sowohl große als auch kleine Flächen gleichmäßig koloriert werden können. Die Investition in hochwertige Filzstifte lohnt sich, da sie nicht so schnell ausfransen.

FINELINER

Je kleiner die Fläche, desto beliebter – der Fineliner. Beim großflächigen Ausmalen können sich die kleinen harten Spitzen allerdings als ziemlich mühsame Werkzeuge erweisen. Dafür eignen sich diese Filzstifte besonders für filigrane Muster oder einen besonders satten Farbauftrag mit Struktur.

BLEISTIFTE

Grautöne sind gerade absolut im Trend, sowohl im Fashion- als auch im Home-Deko-Bereich. Warum also nicht auch mal die Lieblingstiere in monochromen Verläufen ausmalen oder mit Ethno-Mustern füllen? Bleistifte aller Art eignen sich hervorragend für graue Ton-in-Ton-Kolorierungen und sind dabei auch noch ganz leicht zu korrigieren.

Experimentieren Sie nach Lust und Laune mit Farben Ihrer Wahl. Dank der hohen Papierstärke lässt sich beispielsweise auch wunderbar mit Acryl- oder Aquarellfarbe arbeiten um künstlerische Effekte zu erzielen. Achten Sie hier jedoch besonders bei kleineren Flächen auf präzises Kolorieren.

FARBEN**LEHRE**

In welchem Zusammenhang stehen bestimmte Farben zueinander? Die folgende Seite gibt Einblick in die Grundlagen der Farbenlehre als Basis für individuelle Mischtechniken.

DER **FARBKREIS**

Mithilfe eines Farbkreises lassen sich Ordnungen und Beziehungen der Farben zueinander darstellen. Von außen nach innen werden zuerst Grundfarben und dann Mischfarben in bestimmten Verhältnissen gezeigt.

PRIMÄR**FARBEN**

Die reinen Grundfarben, sogenannte Primärfarben, werden im Farbkreis in der Mitte als Dreieck dargestellt. Sie können nicht aus anderen Farben gemischt werden. Zu ihnen zählen **Gelb, Rot** und **Blau.** Mischt man diese in bestimmten Verhältnissen untereinander, können alle anderen Farben, mit Ausnahme von Weiß, hergestellt werden.

SEKUNDÄR**FARBEN**

Werden zwei Primärfarben im gleichen Verhältnis miteinander gemischt, erhält man eine Sekundärfarbe. Miscnt man Gelb und Rot, entsteht **Orange,** bei Rot und Blau **Violett** und bei Blau und Gelb erhält man **Grün.** Diese Farben sind im Sechseck dargestellt.

TERTIÄR**FARBEN**

Wird eine Sekundärfarbe wiederum mit einer Primärfarbe gemischt, ergibt sich daraus eine Tertiärfarbe. So erhält man z. B. **Gelborange** beim Mischen von Orange und Gelb und ein **Rotviolett** beim Mischen von Violett und Rot.

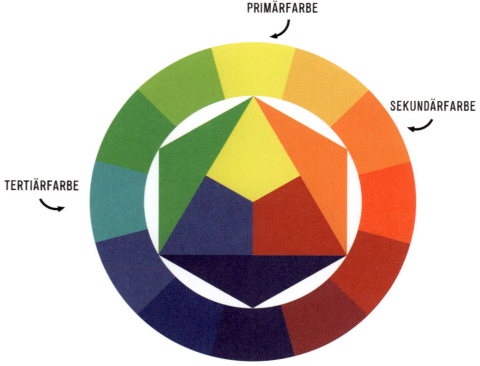

MISCH**TECHNIKEN**

Sie haben nicht genügend Farben zur Hand? Kein Problem. Hier sehen Sie verschiedene Techniken, mit denen Sie Farben in den verschiedenen Medien mischen können.

FARB**MISCHUNGEN**

Ausgehend von der Farbenlehre wurden links **zwei Primärfarben (Gelb und Blau)** bzw. eine **Primär-** mit einer **Sekundärfarbe (Rot und Orange)** gemischt. Am besten lassen sich sowohl Bunt- als auch Farbstifte mischen, indem Sie die Farben mithilfe von Schraffuren eng übereinander malen. Schöne Verlaufseffekte erhalten Sie, wenn Sie die untere Farbe etwas durchscheinen lassen.

Mit den vielseitig einsetzbaren Brush Pens lässt sich prima auch direkt im Stift mischen. Halten Sie die Spitzen der Stifte aneinander, die Farbe des einen Stifts fließt in die Spitze des anderen, was beim Malen schöne Effekte ergibt. Vergessen Sie aber nicht, die Stifte wieder „sauber" zu malen, bevor Sie diese aufräumen.

SCHRAF**FUREN**

Sowohl beim Mischen der Farben als auch beim monochromen Ausmalen erhalten Sie durch verschiedene Schraffuren spannende Effekte. Insbesondere um verschiedene Fell- oder Hautstrukturen nachzuahmen, lohnt sich hier das Experimentieren.

Variieren Sie die Schraffuren auch bei Filz- und Buntstiften. Legen Sie die Linien neben-, übereinander oder über Kreuz und erzielen Sie so unterschiedliche Farb- und Strukturwirkungen.

AUSMAL**TECHNIKEN**

	BUNTSTIFT	**FILZ**STIFT	**BLEI**STIFT
FARBVERLAUF Reduzieren Sie nach und nach den Druck auf den Stift, um fließende Farbverläufe zu erzeugen. Bei Filzstiften einfach mehrere Linien übereinanderlegen und den Auftrag stückweise verringern.			
UMRAHMUNG Um die einzelnen Flächen grafisch voneinander abzuheben, lassen sich Farbverläufe auch umlaufend an allen Außenlinien einsetzen.			
WEISSE UMRAHMUNG Eine weitere grafische Abhebung entsteht, wenn ein kleiner Bereich zur Außenlinie ausgespart wird.			
UNTERSCHIEDLICHE DECKKRAFT Sollte ein Tier einmal mehrere Farbnuancen enthalten, lassen sich durch unterschiedlich starkes Aufdrücken oder Übereinanderlagern verschiedene Farbstufen erzeugen.			
MUSTER Neben dem flächigen Kolorieren kann auch mit individuellen Mustern gearbeitet werden. Probieren Sie einfach verschiedene Ideen aus.			

DIE TECHNIKEN **IM ÜBERBLICK**

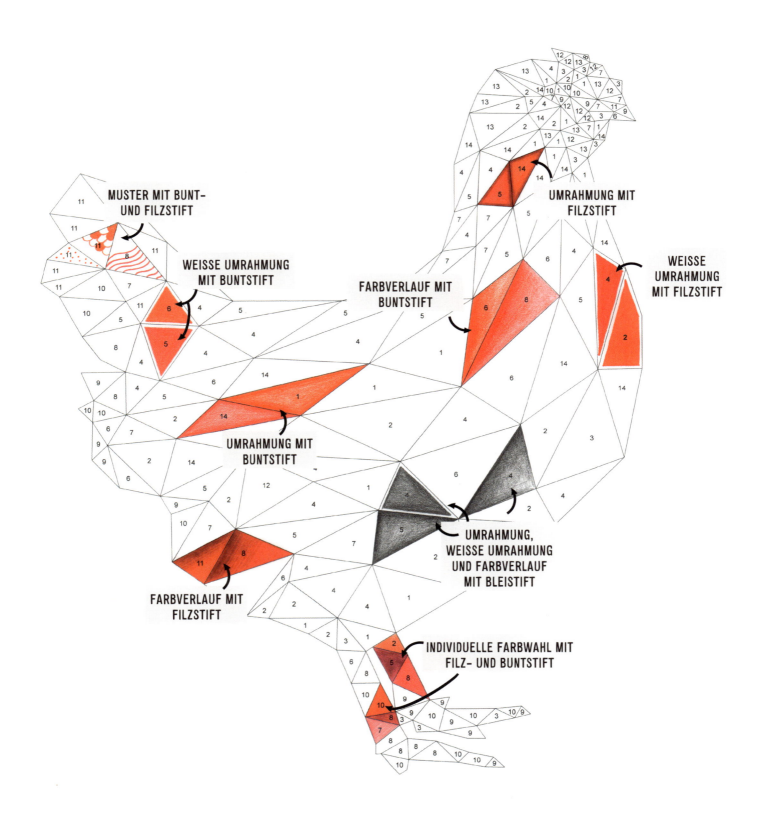

10 | KANIN**CHEN**

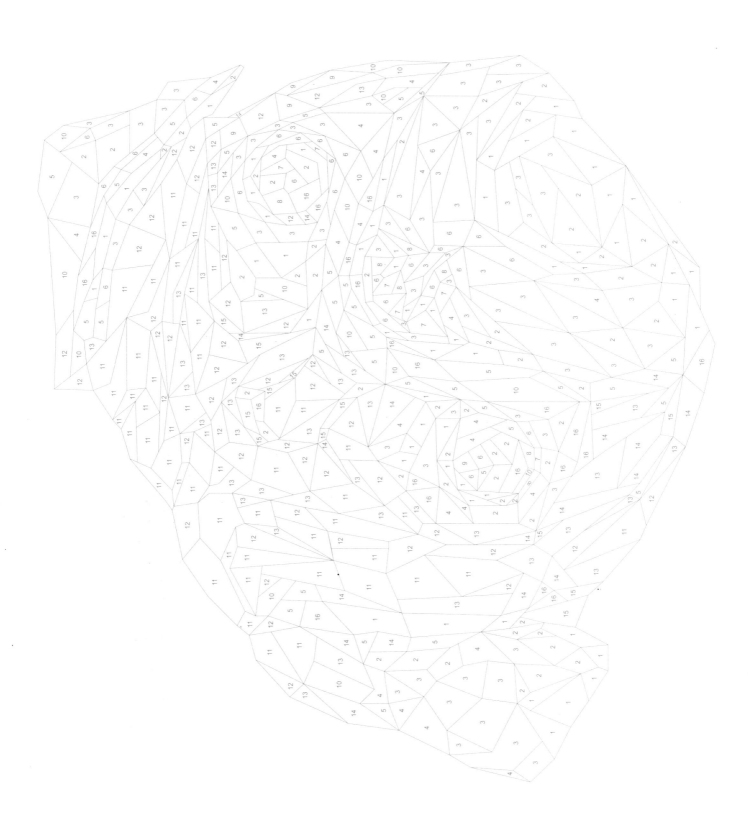

14 | ROT**KEHLCHEN**

16 | **FERKEL**

18 | HIRSCH

20 | GELB**BRUSTARA**

22 | ESEL

24 | **UHU**

26 | HAHN

28 | **WOLF**

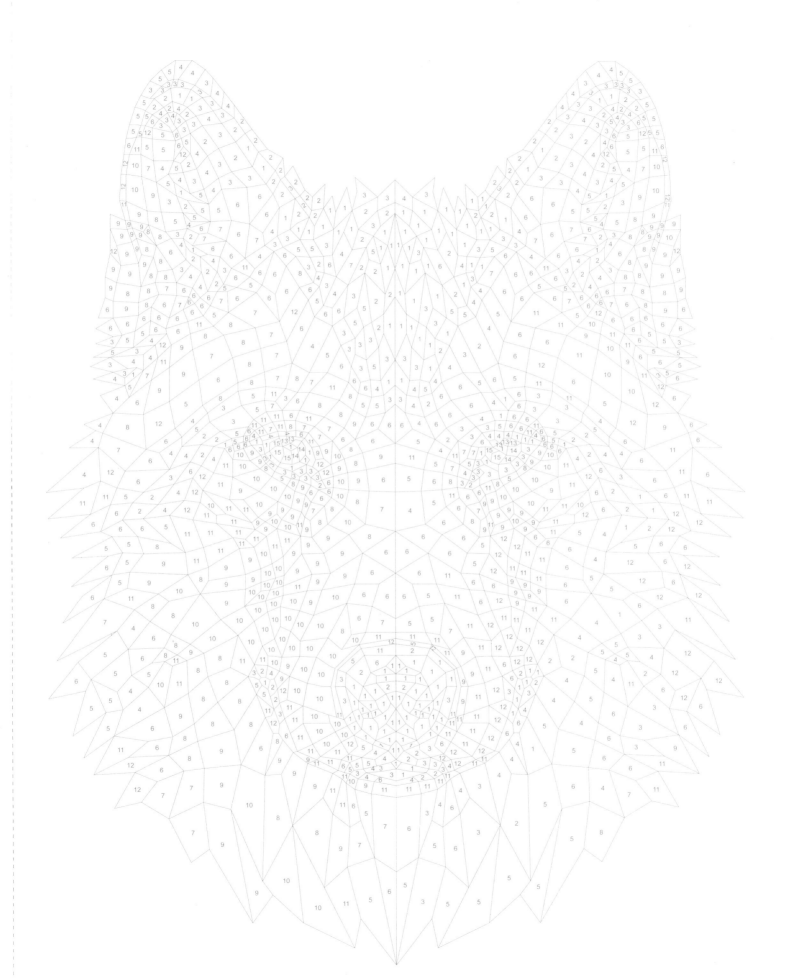

30 | TEICH**FROSCH**

32 | ROT**FUCHS**

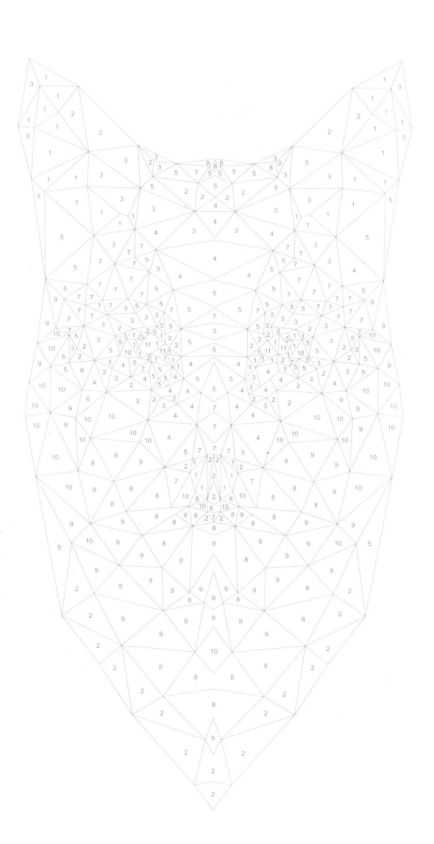

34 | DACHS**HUND**

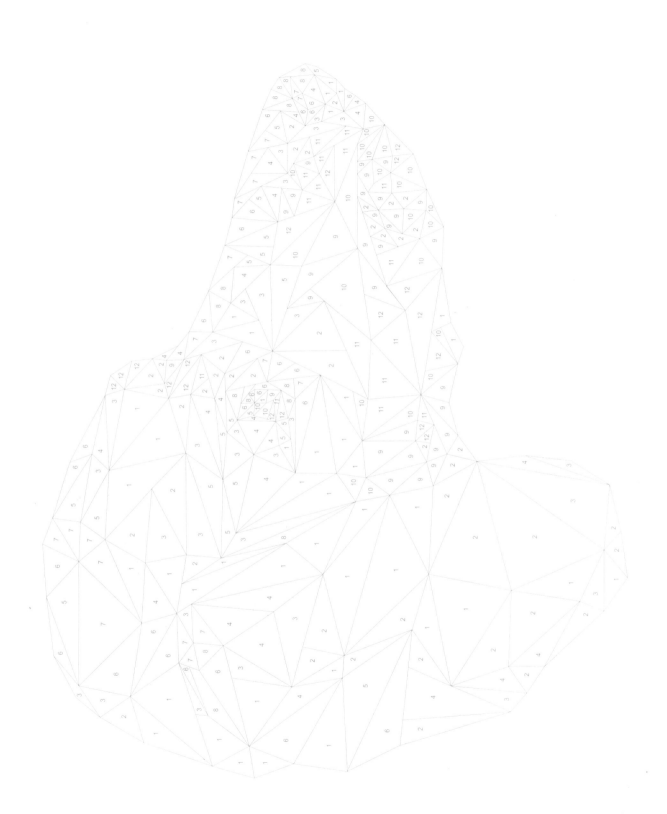

36 | BENGAL**KATZE**

38 | BLAUER **PFAU**

40 | BORDEAUX**DOGGE**

42 | EIS**VOGEL**

44 | **HUHN**

46 | GOLDEN **RETRIEVER**

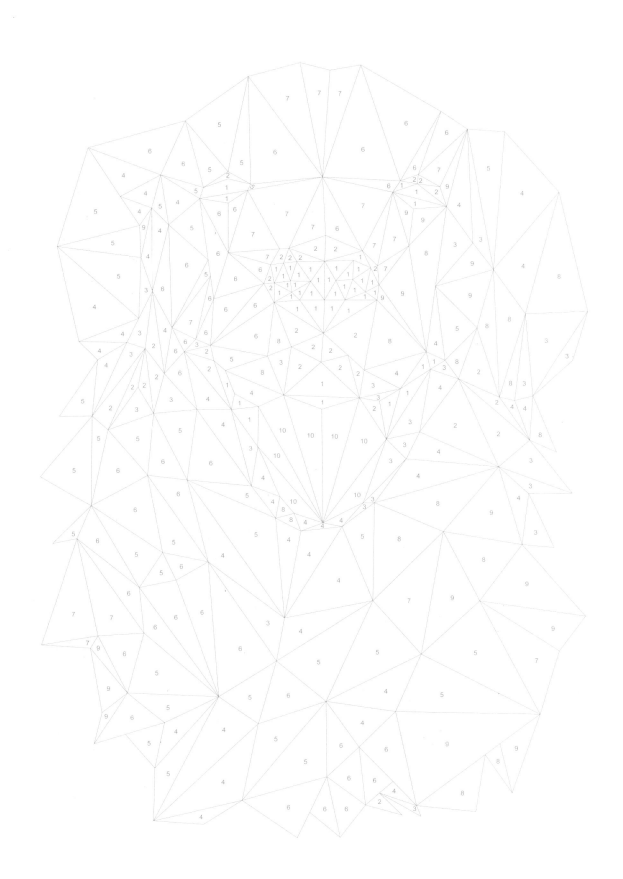

48 | PFERD

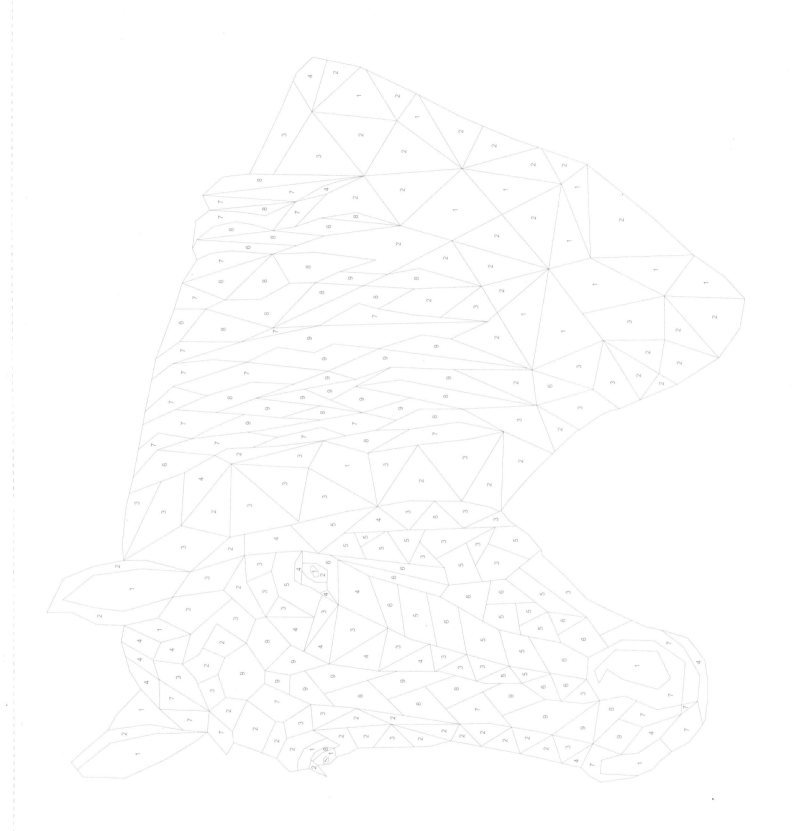

52 | SCHWARZ**BÄR**

54 | BASSET **HOUND**

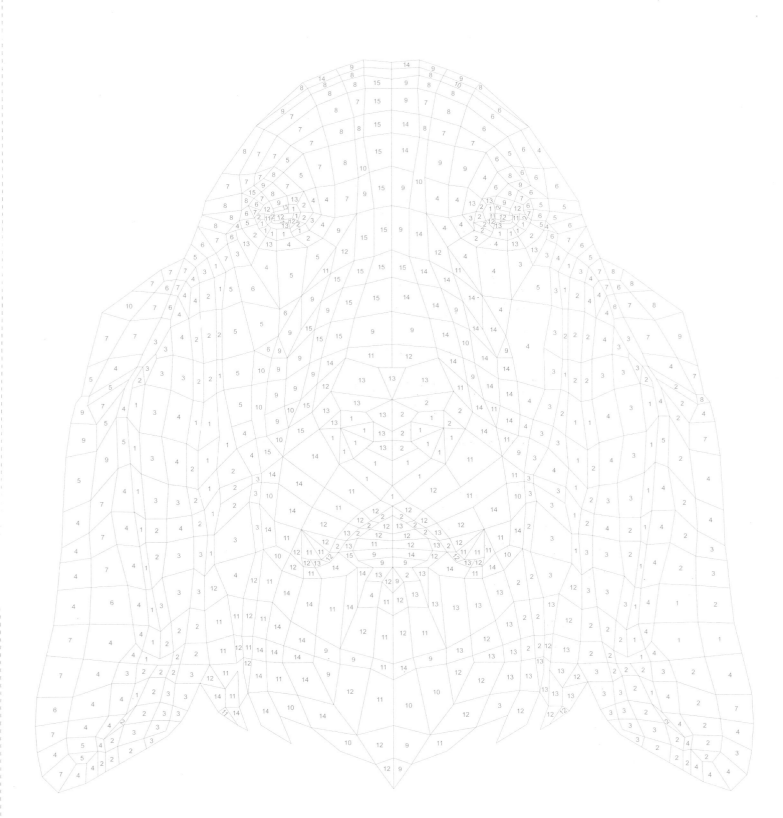

56 | KLEIN**SPECHT**

58 | WELPE

60 | WEISS**STORCH**

62 | HAUS**KATZE**

64 | SCHÄFER**HUND**

66 | BLAU**MEISE**

68 | WASCH**BÄR**

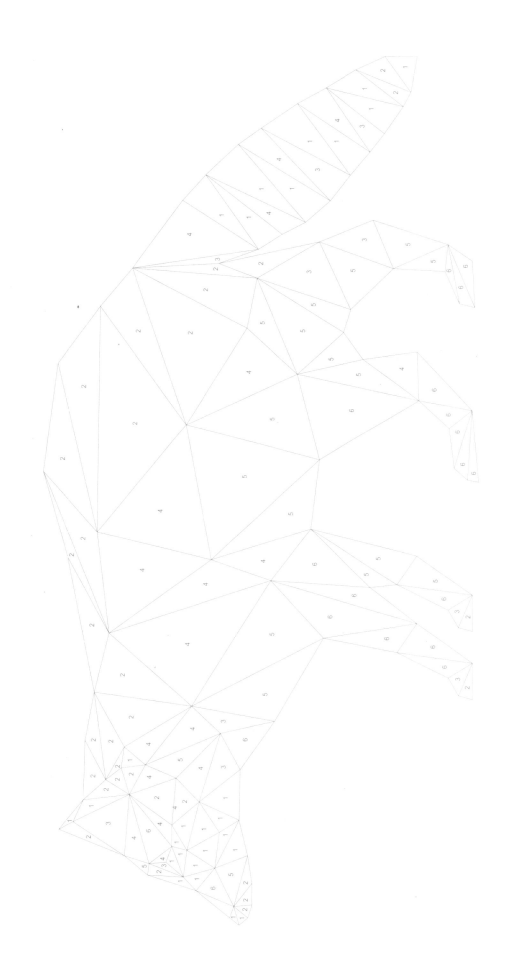

70 | WACH**HUND**

72 | STEIN**ADLER**

74 | FASAN

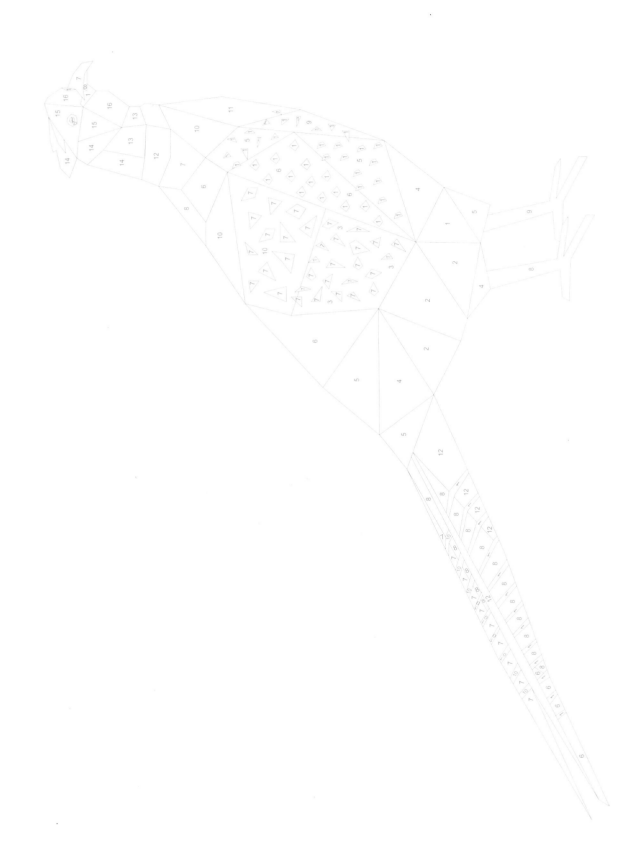

76 | ZICKLEIN

78 | STADT**TAUBE**

IMPRESSUM

Bibliografische Information der Deutschen Bibliothek.

Die Deutsche Bibliothek verzeichnet diese Publikation in der deutschen Nationalbibliografie. Detaillierte bibliografische Daten sind im Internet über http://www.d-nb.de/ abrufbar.

Alle in diesem Buch veröffentlichten Abbildungen sind urheberrechtlich geschützt und dürfen nur mit ausdrücklicher schriftlicher Genehmigung des Verlags gewerblich genutzt werden. Eine Vervielfältigung oder Verbreitung der Inhalte des Buchs ist untersagt und wird zivil- und strafrechtlich verfolgt. Das gilt insbesondere für Vervielfältigungen, Übersetzungen, Mikroverfilmungen und die Einspeicherung und Verarbeitung in elektronischen Systemen.

Die im Buch veröffentlichten Aussagen und Ratschläge wurden von Verfasser und Verlag sorgfältig erarbeitet und geprüft. Eine Garantie für das Gelingen kann jedoch nicht übernommen werden, ebenso ist die Haftung des Verfassers bzw. des Verlags und seiner Beauftragten für Personen-, Sach- und Vermögensschäden ausgeschlossen.

Bei der Verwendung im Unterricht ist auf dieses Buch hinzuweisen.

EIN BUCH DER EDITION MICHAEL FISCHER

1. Auflage 2016

© 2016 Edition Michael Fischer GmbH, Igling

Bildnachweis: Tiermotive bearbeitet von Thomas Kelpen

Umschlag: HoangLVT/Shutterstock, © Kuliperko/Shutterstock, © Ekaterina Ankudinova/Shutterstock, © jim808080/Shutterstock, © Shekularaz/Shutterstock, © Leszek Glasner/Shutterstock, © zeffirka84/Shutterstock, © sakepaint/Shutterstock, © Denissenko Oleg/Shutterstock;
S. 1: © jim808080/Shutterstock, © Ekaterina Ankudinova/Shutterstock, © zeffirka84/Shutterstock, © Denissenko Oleg/Shutterstock; S. 2–3: © zeffirka84/Shutterstock, © Ekaterina Ankudinova/Shutterstock, © jim808080/Shutterstock, © sakepaint/Shutterstock, © Utir/Shutterstock, © Kuliperko/Shutterstock, © Archiwiz/Shutterstock, © jhamvirus/Shutterstock, © Tatiana Buzikova/Shutterstock, © Leszek Glasner/Shutterstock, © Shekularaz/Shutterstock, © SilvieMiskova/Shutterstock, © tikisada/Shutterstock, © Shekularaz/Shutterstock, © Phongsak saichompoo/Shutterstock, © Evgenii Pavlov/Shutterstock, © Jaws_73/Shutterstock, © Irina Belokrylova/Shutterstock, © mw2st/Shutterstock, © OneOfUs/Shutterstock, © jhamvirus/Shutterstock, © SilvieMiskova/Shutterstock, © nutriaaa/Shutterstock, © Shekularaz/Shutterstock, © Denissenko Oleg/Shutterstock, © Shekularaz/Shutterstock, © SilvieMiskova/Shutterstock, © vanillamilk/Shutterstock, © webarma/Shutterstock, © Shekularaz/Shutterstock, © SilvieMiskova/Shutterstock, © Illustratiostock/Shutterstock, © SilvieMiskova/Shutterstock; S. 4: © tikisada/Shutterstock, © sakepaint/Shutterstock; S. 5: © Bashutskyy/Shutterstock, © sevenke/Shutterstock, © Aggie 11/Shutterstock, © Lunatictm/Shutterstock; S. 6: © mw2st/Shutterstock, © elenabo/Shutterstock; S. 7: © Edition Michael Fischer, © Lyudmyla Kharlamova/Shutterstock; S. 8–9: © Edition Michael Fischer; S. 10: © zeffirka84/Shutterstock; S. 12: © Ekaterina Ankudinova/Shutterstock; S. 14: © jim808080/Shutterstock; S. 16: © sakepaint/Shutterstock; S. 18: © Utir/Shutterstock; S. 20: © Kuliperko/Shutterstock; S. 22: © Archiwiz/Shutterstock; S. 24: © jhamvirus/Shutterstock; S. 26: © tikisada/Shutterstock; S. 28: © jhamvirus/Shutterstock; S. 30: © Tatiana Buzikova/Shutterstock; S. 32: © Leszek Glasner/Shutterstock; S. 34: © Shekularaz/Shutterstock; S. 36: © SilvieMiskova/Shutterstock; S. 38: © tikisada/Shutterstock; S. 40: © Shekularaz/Shutterstock; S. 42: © Phongsak saichompoo/Shutterstock; S. 44: © Evgenii Pavlov/Shutterstock; S. 46: © Jaws_73/Shutterstock; S. 48: © Irina Belokrylova/Shutterstock; S. 50: © mw2st/Shutterstock; S. 52: © OneOfUs/Shutterstock; S. 54: © jhamvirus/Shutterstock; S. 56: © SilvieMiskova/Shutterstock; S. 58: © nutriaaa/Shutterstock; S. 60: © Shekularaz/Shutterstock; S. 62: © Denissenko Oleg/Shutterstock; S. 64: © Shekularaz/Shutterstock; S. 66: © SilvieMiskova/Shutterstock; S. 68: © vanillamilk/Shutterstock; S. 70: © webarma/Shutterstock; S. 72: © Shekularaz/Shutterstock; S. 74: © SilvieMiskova/Shutterstock; S. 76: © Illustratiostock/Shutterstock; S. 78: © SilvieMiskova/Shutterstock.

Covergestaltung und Layout: Verena Raith
Redaktion und Lektorat: Anna Schmitt, Saskia Wedhorn
Satz: Claudia Kelpen

ISBN 978-3-86355-585-6

Printed in Slovakia

www.emf-verlag.de